ÉLOGE

DE

M. Auguste MACHART,

Par M. S.ᵗ-A. BERVILLE,

PRÉSIDENT A LA COUR IMPÉRIALE DE PARIS.

AMIENS,

Imprimerie de DUVAL et HERMENT, place Périgord, 3.

1855.

ELOGE

DE

M. Auguste MACHART.

MESSIEURS,

La précédente année n'a pas été heureuse pour l'Académie.
En peu de mois, votre compagnie a perdu trois de ses nota‑
bilités: Mallet, cette rare intelligence commerciale, cette
nature courageuse, qui vécut deux ans encore par la pensée,
quand depuis deux ans déjà le corps, pour ainsi dire, ne
subsistait plus; Lemerchier, qui, de savant médecin devenu
à soixante-dix ans le chef de votre administration municipale,
fit admirer à tous, dans cette voie nouvelle, sa soudaine
aptitude et sa juvénile activité; Machart enfin, Machart,
ce charmant esprit, ce cœur excellent, cet éminent orateur,
qui fut la gloire de votre barreau avant d'être une des
lumières de votre magistrature et l'un des ornements de
cette Académie. De ces trois collègues, si justement regrettés,
les deux premiers ont reçu, dans une séance antérieure,
l'hommage qui leur était dû à tant de titres. Le soin d'honorer
le troisième appartenait à votre secrétaire-perpétuel, dont

la parole ingénieuse et lucide est toujours entendue avec tant d'intérêt : en me le confiant, il s'est souvenu du long attachement qui m'unissait à celui que nous pleurons, et les droits du talent ont bien voulu s'effacer devant ceux de l'amitié.

Edme-Firmin-Auguste Machart, né dans Amiens le 2 septembre 1776, était fils d'un procureur de cette ville, homme d'esprit et homme de bien. Après de bonnes études au collège d'Amiens, âgé de dix-huit ans à peine, il entra comme sous-chef dans les bureaux du district. Admis ensuite à *l'école de Mars*, il allait partir, quand une blessure au pied le retint sous le toit paternel. Peut-être, sans cet accident, l'éloquent avocat fût-il devenu un brillant officier, et peut-être, au lieu d'excellents plaidoyers, aurions-nous eu de lui de beaux monuments d'éloquence militaire. Le sort, qui lui destinait une carrière plus paisible, le fit entrer, non à l'école de Mars, mais dans une étude d'avoué. Varlet, qui, comme la plupart de ses confrères d'alors, réunissait ce titre à celui d'avocat, devint et resta longtemps le patron du jeune jurisconsulte. Là, Machart se fit promptement remarquer par la facilité de son travail, par les saillies de sa conversation, par son imagination vive et brillante. Dès lors il s'exerçait à l'art de la parole improvisée dans la société de quelques amis, au nombre desquels figuraient Natalis Delamorlière et Léonor Jourdain, et dans ces réunions intimes, déjà la sienne se faisait applaudir.

C'est en 1805 que Machart reçut le titre d'avocat. Le barreau d'Amiens, dès cette époque, était loin d'être méprisable. Si l'on n'y entendait plus ni Boullet père, si renommé pour sa méthode exquise et sa belle facilité ; ni Maillart, à qui de nombreux succès d'audience ouvrirent, pour son malheur, les portes de l'enceinte législative ; si Couture, après d'écla-

tants débuts, venait de le quitter pour une scène plus vaste ;
si Girardin n'y avait pas encore apporté de Bruxelles sa
dialectique habile et son abondante érudition, on voyait
alors à sa tête un de ces hommes qui, sans prétentions à
l'éloquence, s'égalent aux plus éloquents par la profonde
intelligence des affaires, la solidité du jugement et la lumi-
neuse précision du langage: c'était Laurendeau. Après lui
venaient Varlet, orateur négligé, mais bon jurisconsulte
et praticien habile; Morgan, esprit incisif, à qui ne manquaient ni l'émotion ni la chaleur. Dès ses premiers pas,
Machart se montra leur digne émule; bientôt (Laurendeau
mis à part), il fut quelque chose de plus. Le palais estima
l'ordre, la lucidité de sa plaidoirie, la richesse de son
élocution: le peuple même, bon juge en ces matières, adopta
le nouvel orateur et fit de son nom un symbole d'éloquence.
Voulait-il désigner quelqu'un qui parlait bien? *C'est*, disait-
il, *un vrai Machart.*

Lorsque, devant cette assemblée, je louerai dans notre
confrère l'homme aimable et bon, le causeur spirituel, le
magistrat éclairé, l'élégant littérateur, je n'ai pas peur de
trouver d'incrédules: mes paroles auront pour garants des
souvenirs vivants encore. Mais j'étonnerai peut-être la géné-
ration nouvelle, qui n'a pu l'entendre aux jours de ses
triomphes, si je dis que cet homme simple, qui a passé sa vie
à douter de lui-même, et dont la renommée n'a pas franchi les
limites de ce ressort, n'était pas inférieur en qualités oratoires
aux princes du barreau français. Telle est pourtant la vérité.
pour prendre place au premier rang, pour marcher l'égal
des Dupin, des Berryer, il n'a manqué qu'une chose à
Machart, un théâtre. Appelé de bonne heure à Paris, il y
eût trouvé un digne emploi de ses forces, des causes écla-
tantes, un vaste retentissement: là aussi son talent eût
acquis ce dernier poli que peut seul donner le séjour d'une

grande capitale. Il aima mieux vivre modeste au sein de sa famille et de son pays, où l'entouraient tant d'honorables amitiés : touchante prédilection de son excellent cœur, plus sensible aux donceurs de la patrie qu'aux séductions de la fortune et de la gloire.

Sa première cause d'éclat fut plaidée en 1807, lorsque, dans un procès resté célèbre, il défendit contre une noble famille de ce département le général Musnier de la Converserie. Mais ce n'est pas du premier coup que l'avocat même le mieux doué peut se faire une position éminente au barreau civil. Il trouve, en arrivant, les places prises et l'élite de la clientelle répartie entre les anciens de la profession. Il lui faut attendre, ou que les rangs s'éclaircissent, ou qu'une succession se présente à recueillir. En attendant, Machart dut se livrer souvent à la défense des causes criminelles, et durant quelques années, il régna véritablement aux assises par le talent et par l'emploi. Tantôt, dans une cause d'incendie, une haute renommée du barreau de Paris, Chauveau-Lagarde, vient s'asseoir près de lui au banc de la défense, et l'honneur du tournoi demeure au modeste avocat d'Amiens. Tantôt, dans une affaire d'homicide, prenant la parole après trois autres défenseurs, il semble, en reproduisant leurs moyens, créer une cause nouvelle. Après 1815, défendant un commandant de place que poursuivent des haines politiques, il s'élève aux accents de la plus noble éloquence. Enfin Laurendeau prit place au sein de la magistrature, dont il devint une des lumières, et en se retirant, il légua une partie de sa clientelle au jeune confrère dont il avait encouragé les débuts. Dans ce nouvel emploi Machart déploya des qualités nouvelles. Sa discussion apparut plus grave et plus ferme, sa doctrine plus solide. Cependant l'exposition des faits resta toujours l'aptitude principale de son talent, et il ne faut pas le regretter pour lui ; car, on le sait, pour une cause qui se gagne par le droit, il en est vingt qui se gagnent par le fait. Chez lui, d'ailleurs, une faculté, pour être dominante, n'excluait pas les autres, et le palais a conservé le souvenir de ses riches discussions dans les causes intéressantes d'Adeline Caron, de Cardon contre le prince de Conti, et des diamants de la couronne.

Ce qui distinguait sa plaidoirie, c'était d'abord un ordre lumineux, une admirable clarté. A ce premier fonds, joignez une rare fécondité d'invention, de moyens, de langage. Puis, sur tout cela, placez les plus beaux dons de l'orateur, une action aisée, sobre de gestes, une voix timbrée et puissante; dans le pathétique, des mouvements pleins d'élévation et de vigueur; dans la plaisanterie, une verve aussi intarissable qu'originale. Alors vous connaîtrez Machart tel que nous l'avons connu nous mêmes. Récents adeptes du barreau, nous accourions tous pour l'entendre, et nous restions des audiences entières suspendus au charme de sa parole.

Supérieur dans les combats de l'audience, Machart n'avait point de rival dans la défense écrite. De bonnes études littéraires, continuées même au milieu des exercices du palais, avaient donné à sa plume une élégance qu'on rencontre rarement au barreau. Aussi, ses mémoires, dont la collection forme plusieurs volumes, ne sont-ils pas moins recommandables par l'attrait de la forme que par l'intérêt d'une discussion toujours claire et attachante.

En 1830, Machart, que les luttes du barreau commençaient à fatiguer, fut nommé avocat-général près la cour d'Amiens. Quatre ans plus tard, il reçut, avec le titre de conseiller, la décoration de la légion d'honneur. Ce prix était dû, non seulement à l'avocat émérite, mais à l'homme qui, toujours fidèle à la cause du pays, avait même un moment souffert pour elle. On sait qu'après Waterloo il s'était vu menacé d'exil, il avait vu sa maison assaillie par des attroupements nocturnes , pour avoir rédigé le programme très-modéré de la plus inoffensive des fédérations. Dans sa double carrière de magistrat, l'estime du barreau, l'amitié de ses collègues ne lui firent point défaut : on appréciait la justesse, la lucidité de son esprit ; on aimait la bienveillance exquise et la charmante simplicité de son caractère. Malheureusement pour lui et pour tous , une infirmité survenue lui interdit l'audience publique. On veut que Thémis soit aveugle, on ne lui permet pas d'être sourde. Un seul moyen s'offrait d'utiliser encore pour le service judiciaire cette belle et toujours active intelligence : la chambre d'accusation recueillit le magistrat que les chambres civiles ne pouvaient plus conserver.

Dans un ressort tel que celui-ci, les travaux d'une chambre d'accusation sont peu lourds par eux-mêmes: mais pour cette vieillesse laborieuse, le service criminel fut un asyle et ne fut point un repos. Stimulé par d'honorables scrupules, Machart se fit un point de conscience de reverser sur ses nouvelles fonctions l'ardeur qu'il ne pouvait plus consacrer à la décision des causes civiles. Il voulut qu'à lui seul fut confié l'examen préparatoire de toutes les affaires, et non content d'un si large tribut, il composa pour la chambre d'accusation un travail important sur la jurisprudence criminelle et un formulaire qui, nous ont dit ses collègues, sera longtemps son manuel pratique et son guide.

Un homme de cette valeur n'avait pu , Messieurs, rester étranger à votre compagnie. Son rang au barreau , ses travaux de magistrat auraient suffi pour l'y introduire; mais un titre plus direct l'y appelait, le talent littéraire. Ce titre, c'est devant vous surtout qu'il convient d'en parler, puisque c'est à lui surtout que Machart a dû l'honneur de vous appartenir.

On ne cite guères d'orateur éminent qui n'ait aimé les lettres, ou, pour mieux dire, l'art oratoire n'est qu'un des rameaux de cet arbre universel qu'on nomme la littérature. Sans remonter à Cicéron ni à Pline-le-jeune, sans même évoquer le souvenir de nos grands siècles littéraires, nous voyons que presque tous les grands orateurs de nos jours, Thiers, Villemain, Guizot, Cousin, Lamartine ont été des hommes de lettres. Pour Machart, la littérature ne fut qu'un amusement, mais un amusement plein de charme et d'honneur. Sa jeunesse fut élevée dans le commerce des bons écrivains ; ses premières amitiés furent des amitiés studieuses et bien disantes. Peu à peu ses relations littéraires s'étendirent. Une société d'émulation s'assemblait alors chez M. Fournier-Joly le médecin. Là se réunissaient Baron, bibliothécaire de la cité ; Lecat, avocat-littérateur, venu récemment d'Abbeville sa patrie ; trois professeurs estimés, Duflos, Crépin et Bourgeois : là, nos Barbier, nos Routier lisaient des mémoires sur leur science, Delamorlière son *soldat voyageur*, Léonor Jourdain d'élégantes imitations d'Horace et une belle épître en réponse à ceux qui prétendent que tout est dit en poésie. Machart ne fut pas des derniers appelés dans cette réunion, sorte de petite académie sans caractère officiel, où plus tard la véritable académie, en se reconstituant, put se recruter avec avantage. Presqu'en même tems, Delamorlière son ami le conduisait dans une société plus intime et non moins littéraire, que composaient seuls avec eux Charles Nodier, sa femme, sa belle-sœur, et un aimable anglais nommé Steward. Le local était un jardin isolé derrière une humble guinguette du faubourg Noyon. C'est là qu'autour d'une collation splendide, formée d'une bouteille de bierre et de quelques gâteaux, s'échangeaient, au sein d'une douce confiance, des entretiens dont, après un bien long temps, chacun des initiés gardait encore un délicieux souvenir.

Admis en 1819 dans cette académie, Machart y a noble-
ment payé sa dette. Pendant près de trente années, vos con-
cours de poésie et d'éloquence n'ont pas eu d'autre rappor-
teur. A ce tribut annuel se joignait le tribut de ses fréquentes
communications, toujours désirées, toujours applaudies. En
1828, c'est une épître en vers sur l'*Enseignement mutuel*; en
1852, un discours sur *la Vérité*, prononcé à l'ouverture de
votre séance publique; plus tard, c'est un essai sur l'*Origine
de la Morale*, aussi bien écrit que sagement pensé. Déjà, dans
deux œuvres importantes, il s'était montré l'heureux disciple
de Walter-Scott et de Lesage.

Adorateur passionné du vrai et du beau, Machart n'avait
pu contempler sans en être frappé les vivans tableaux du
grand romancier écossais. Classique incorruptible, épris
de nos chefs-d'œuvre littéraires, il ne croyait pas être infi-
dèle à son culte en saluant ici le beau sous d'autres formes
et le vrai avec d'autres allures. Dès qu'il eut quelques loisirs,
il voulut s'exercer dans ce genre. Comme son modèle, il s'ins-
pira des antiquités de son pays: il rattacha son sujet à une
grande époque historique, le règne de Henri IV; il évoqua
la grande figure de Henri, à laquelle il apposa la figure
fine et bien tracée d'Hernand Tello, et après deux ans d'un
travail qui fut pour lui plein de jouissances, il fit paraître,
en 1830, le *Siège d'Amiens*.

Le moment, je l'avoue, était mal choisi pour une publica-
tion littéraire. Machart eut un concurrent sur lequel il n'a-
vait pas compté, la Révolution de Juillet. Quelque fût l'intérêt du roman, il ne pouvait lutter contre cette brûlante page
d'histoire contemporaine. On doit le regretter. *Le Siège
d'Amiens* n'est pas, sans doute, *Ivanhoé* ni *Quentin Durward*:
mais c'est un livre bien conçu, bien écrit, qui intéresse et
qui amuse. On y trouve de l'invention, des caractères, de la
couleur locale, des situations attachantes. L'auteur eût dû

le réimprimer dans un tems plus calme. Je l'en ai pressé plus d'une fois ; sa modestie s'y est toujours refusée.

Et puis, il faut le dire, son goût le portait plutôt à inventer des créations nouvelles qu'à revenir sur d'anciens ouvrages. C'est ainsi qu'après quelques années, une lecture du *Diable boiteux* lui suggéra l'idée de *Descarnado* ou *Paris à vol de Diable*.

Donner une suite au roman de Lesage, en transporter la scène à Paris, entremêler à l'action du drame la peinture des mœurs et des travers de notre époque, c'était là une pensée heureuse et féconde. Mais on conçoit qu'un livre pareil ne pouvait être fait qu'à Paris. Cette condition a manqué à l'œuvre de notre confrère. L'esprit, le sel, l'imagination, les traits fins, les scènes plaisantes y sont répandus à pleines mains : mais on y cherche en vain ce que le titre semblait surtout promettre, le Paris contemporain. En récompense, jamais le style de l'auteur n'avait mérité plus d'éloges ; coulant, animé dans *le Siège d'Amiens*, il a gagné ici en précision, en finesse, en éclat : plus d'une d'une page du *Descarnado* pourrait avoir été écrite par Labruyère.

Parlerons-nous de cette foule de créations moins importantes, mais où se révélait encore son imagination ingénieuse et féconde ? de ce petit poème, improvisé en trois jours, après une veillée au corps de garde, et qui, par la folle invention, la verve bouffonne et les formes piquantes du style, rappelle, avec plus de décence, la manière de Voltaire dans la moins grave de ses épopées ? De ces tableaux si plaisans, de ces charges si originales dont il égaya souvent les colonnes du *Miroir de la Somme ?* De ces essais dramatiques qu'il esquissait ou seul ou en société avec quelques amis, et dans lesquels ne manquaient ni l'agrément du dialogue ni l'heureuse facilité du vers ? Depuis, à ces délassements aimables s'en joignirent de plus sérieux. Collaborateur d'un journal politique, il y défendit avec talent et modération des opinions consciencieuses. La *Biographie de la Somme* lui dut une foule de bons articles. Dans ces derniers temps, l'Académie a entendu et la presse a reproduit plusieurs écrits spirituels sortis de sa plume, *la Reine du monde*, une dissertation sur *L'Illusion*, une autre sur le *Rire* et sur *le comique de Molière*. Peu de mois encore avant sa mort, il entremêlait avec grâce la prose et les vers dans un badinage où se fait sentir un peu l'affaiblissement, mais non la décadence. C'était comme un dernier adieu de cette intelligence si brillante, qui jetait encore une douce lueur avant de s'éteindre pour jamais.

Près d'arriver à ce moment suprême, recueillons-nous un instant, Messieurs, pour contempler dans leur ensemble ce caractère si aimable, cet esprit si distingué, cette vie si bonne et si pleine.

A mes yeux, Auguste Machart offre le type du vieux caractère picard dans ce qu'il a de meilleur : cœur excellent, tête vive, sentiments vrais et droits, expansion facile et franche, pensée toute en dehors, piquant mélange de sens exquis, de fine intelligence et d'enfantine simplicité ; susceptibilité prompte à s'effaroucher, prompte à se rassurer ; premiers mouvemens impétueux, mais aussitôt appaisés ; inaptitude absolue à préméditer une offense, à couver un ressentiment. A ces traits du caractère national, joignez l'empressement à rendre service et l'ineffaçable souvenir des services reçus : joignez cette politesse du cœur, qui n'est point une formule apprise, mais le naturel épanchement d'une âme bienveillante : joignez une modestie vraie, excessive même ; car jamais cet homme si bien doué n'a eu la pleine conscience de sa propre valeur : ce fut sous des noms d'emprunt qu'il hasarda ses principaux ouvrages, et jamais il n'a voulu permettre que son nom figurât dans la biographie de la Somme, où l'on s'étonne à bon droit de ne pas le rencontrer. Je ne

Je louerai point de n'avoir jamais connu l'envie, mais je rappelerai avec qu'elle cordialité il applaudissait aux succès de ses jeunes émules et se plaisait à leur applanir l'entrée de la carrière. Pour dire ce qu'il fut en amitié, je n'aurai pas besoin de faire appel à tant de souvenirs personnels qu'il me serait si facile et si doux d'évoquer : il me suffira de prononcer un nom que vous avez tous dans la pensée, le nom de Natalis Delamorlière.

Dans cet esprit si richement doté, un don surtout préexcellait, la faculté d'improvisation. Elle était chez lui véritablement merveilleuse ; et ce n'est pas seulement au barreau que nous avions occasion de l'admirer : nul, s'il n'a connu Machart, n'imaginerait quel était le charme, l'éclat, l'inépuisable gaîté de sa conversation. Là, plus libre que sous la robe, il se révèlait mieux encore. Nous l'écoutions avec bonheur dûrant de longues soirées, qui passaient comme des instans. Quel feu roulant de traits ingénieux, de mots plaisans, de lumineux aperçus, de comiques inventions, de piquans récits, de vives et saisissantes descriptions. Dans ses dernières années, Machart était encore un aimable causeur: mais qu'il fallait l'entendre aux beaux jours de sa jeunesse !

A l'époque de son entrée au barreau, Machart eut le bonheur de s'unir à une femme aussi distinguée par les dons de l'esprit que par les qualités du cœur. Devenu père, il vit son fils et son gendre s'élever par leur mérite aux hauts grades de leur honorable carrière. Pourquoi faut-il ajouter que ces prospérités furent assombries par des pertes cruelles? Les épreuves ne lui furent point épargnées : il les soutint, grâce aux attachemens qui lui restaient encore, grâce au travail, ce grand consolateur, grâce peut-être encore à cette heureuse activité d'esprit, qui n'efface point la douleur, mais qui permet de s'en laisser distraire.

Malgré le progrès des ans, rien n'annonçait chez Machart une fin prochaine : son corps avait toujours de la force, son intelligence était restée entière. L'âge avait à peine affaibli la vivacité de son imagination et semblait avoir poli encore sa manière d'écrire, devenue plus précise et plus ferme. Mais, passé une certaine époque, la vie ne s'entretient plus que par l'activité. Contraint à la retraite par la loi avant de l'être par la nature, le repos lui devint fatal. Une maladie qui ne pardonne point lui annonça de loin sa dernière heure. On vit alors un singulier et touchant spectacle. Cet homme, si craintif sur sa santé, et dont les quarante dernières années s'écoulèrent dans la continuelle appréhension d'un accident qui ne devait jamais arriver, attendit la mort sans illusion et sans effroi. Son âme resta calme, sa pensée lucide. Serein et résigné, il fit à loisir ses apprêts comme il les eut faits pour un voyage de long cours. Il régla tout dans sa maison et dans sa fortune, prit congé, par des lettres affectueuses, de ses collègues de la cour et de l'académie : peu de jours avant d'expirer, il rimait encore un badinage sur sa fin prochaine. Enfin, le 6 août 1853, il s'éteignit presque sans agonie, comme s'éteint une lampe qui n'a plus d'aliment... = Ainsi, Messieurs, l'amitié, cette fleur au parfum si doux, va s'effeuillant de jour en jour. Hier, nous pleurions un ami ; aujourd'hui, c'est un ami qu'il nous faut pleurer encore : jusqu'à l'heure où nous-mêmes nous laisserons à ceux qui sont entrés après nous dans la vie le soin d'honorer notre mémoire et d'entourer encore d'un peu d'affection ce qui restera de nous au monde, un souvenir.

Amiens. — Imp. de Duval et Herment, place Périgord, 3.